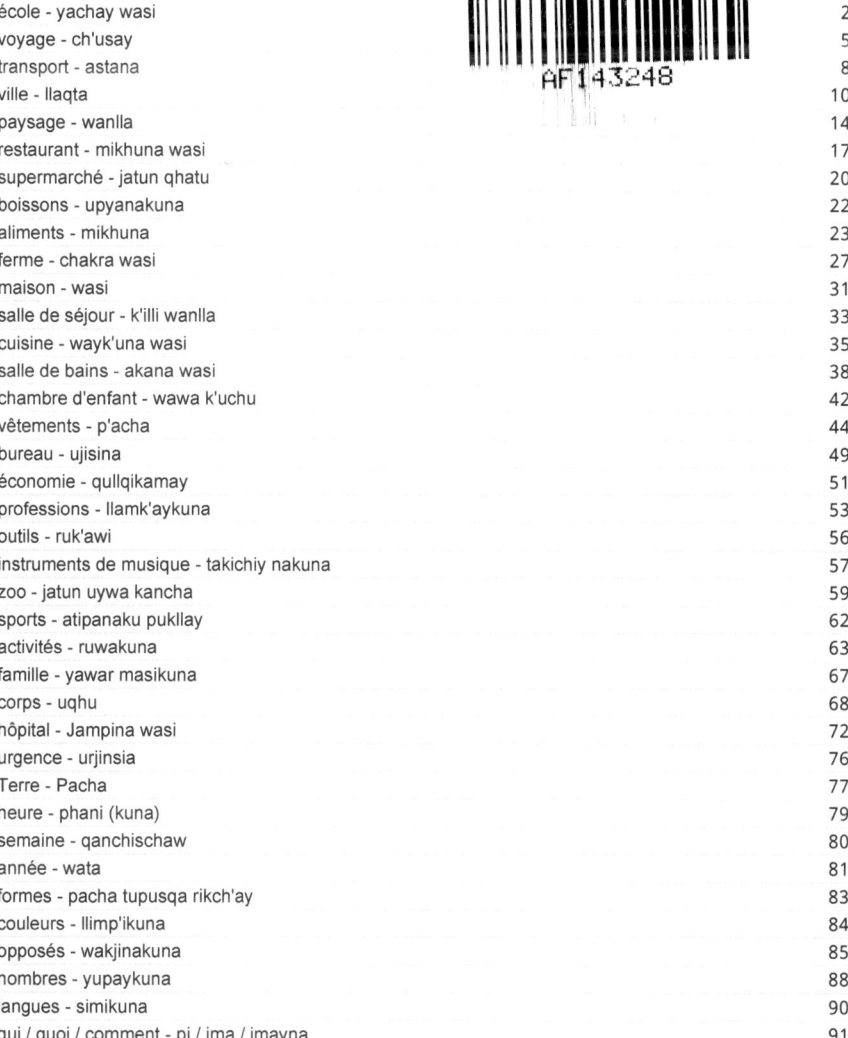

Impressum
Verlag: BABADADA GmbH, Nedderfeld 112 , 22529 Hamburg
Geschäftsführer / Verlagsleitung: Harald Hof
Druck: Books on Demand GmbH, In de Tarpen 42, 22848 Norderstedt

Imprint
Publisher: BABADADA GmbH, Nedderfeld 112 , 22529 Hamburg, Germany
Managing Director / Publishing direction: Harald Hof
Print: Books on Demand GmbH, In de Tarpen 42, 22848 Norderstedt

école
yachay wasi

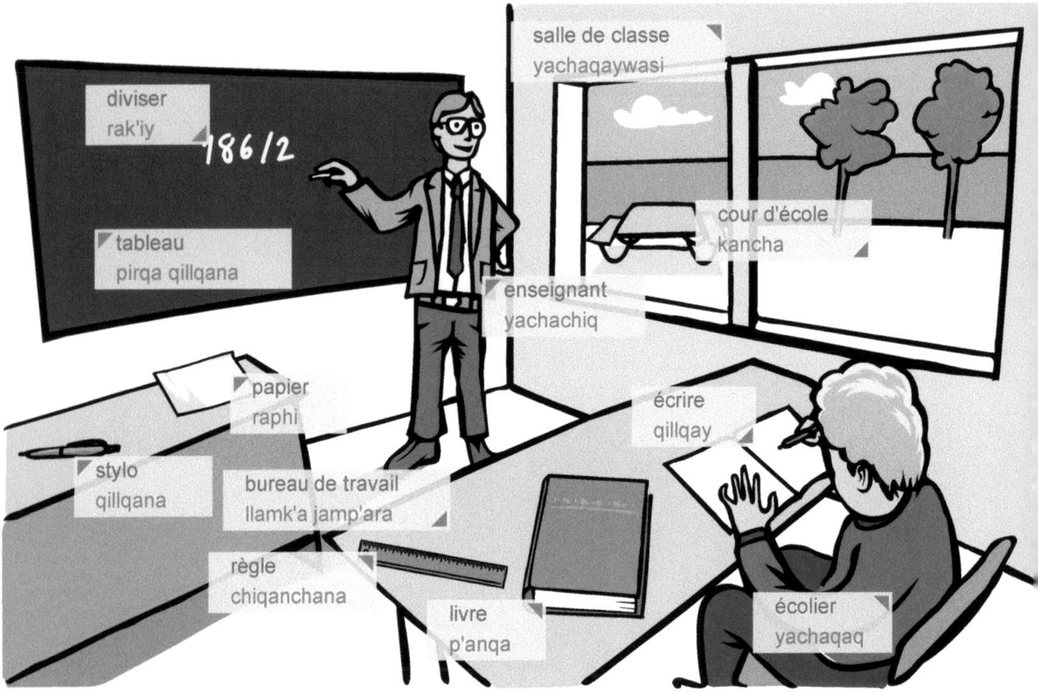

salle de classe
yachaqaywasi
diviser
rak'iy
186/2
tableau
pirqa qillqana
cour d'école
kancha
enseignant
yachachiq
papier
raphi
écrire
qillqay
stylo
qillqana
bureau de travail
llamk'a jamp'ara
règle
chiqanchana
livre
p'anqa
écolier
yachaqaq

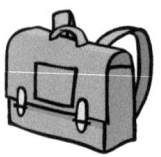

sac d'écolier

wayaqa

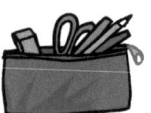

trousse

p'uktaki llimp'i qillqana

crayon

yana qillqana

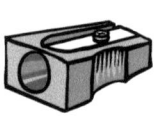

taille-crayon

ñawch'ina

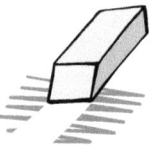

gomme à effacer

qillqakhituna

bloc de papier à dessin

qillqana p'anqa siq'inapaq

dessin

siq'i

pinceau

chukcha llimp'ina

boîte de peintures

p'uktaki llimp'ikuna

ciseaux

k'utuna

colle

k'akachana

cahier d'exercices

qillqana p'anqa ruwanakuna

devoirs

kamachinakuna

chiffre

yupay

additionner

yapay

soustraire

qhichuqay

multiplier

mirachay

calculer

yupanchay

lettre

sanampa

alphabet

sanampakuna

hello

mot

simi rimay

texte

qillqa

lire

ñawiriy

craie

iskuna

leçon

yachachina

le cahier de notes

qillqana p'anqacha

examen

chaninchana

certificat

certificaru

uniforme scolaire

uniforme

éducation

yachay

encyclopédie

jatun simi pirwa

université

Jatun yachaywasi

microscope

microscopio

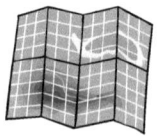

carte

saywa siq'i

corbeille à papier

raphi chuqana

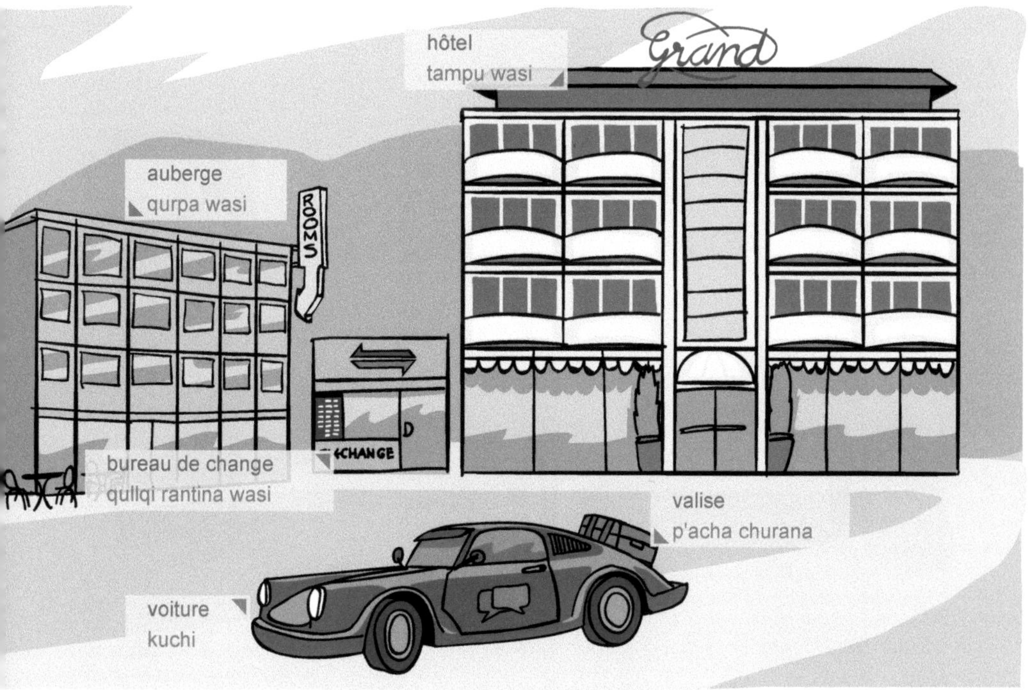

hôtel
tampu wasi
auberge
qurpa wasi
ROOMS
bureau de change
qullqi rantina wasi
valise
p'acha churana
voiture
kuchi

langue

simi

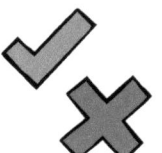

oui / non

ari / mana

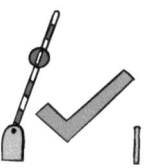

Okay

ari

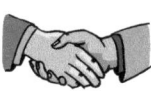

Allo!

Imaynalla

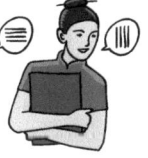

traducteur

tikraq

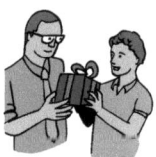

Merci

Pachi

Combien coûte...?

¡Machkhataq?

Je ne comprends pas

Mana yachanichu

problème

ch'ampay

Bonsoir !

¡Allin tuta!

Bonjour !

¡Allin P'unchaw!

Bonne nuit !

¡Allin tuta!

bye bye

tinkunakama

direction

pusachay wasi

bagages

q'ipi

sac

wayaqa

sac à dos

wasa wayaqa

invité

jamuynisqa

pièce

wasi

sac de couchage

puñunapaq wayaqa

tente

tienda

bureau d'information touristique

turismu willakuy

plage

quchapata

carte de crédit

tarjita kriditumanta

déjeuner

paqarin mikhuy

dîner

chawpi p'unchaw mikhuy

souper

tuta mikhuy

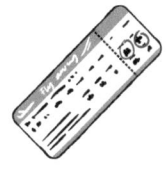

billet

qullqi

ascenceur

makina wicharinapaq

timbre

unanchana

frontière

saywa

douane

adwana

ambassade

imwajada

visa

visa

passeport

pasapurti

transport

astana

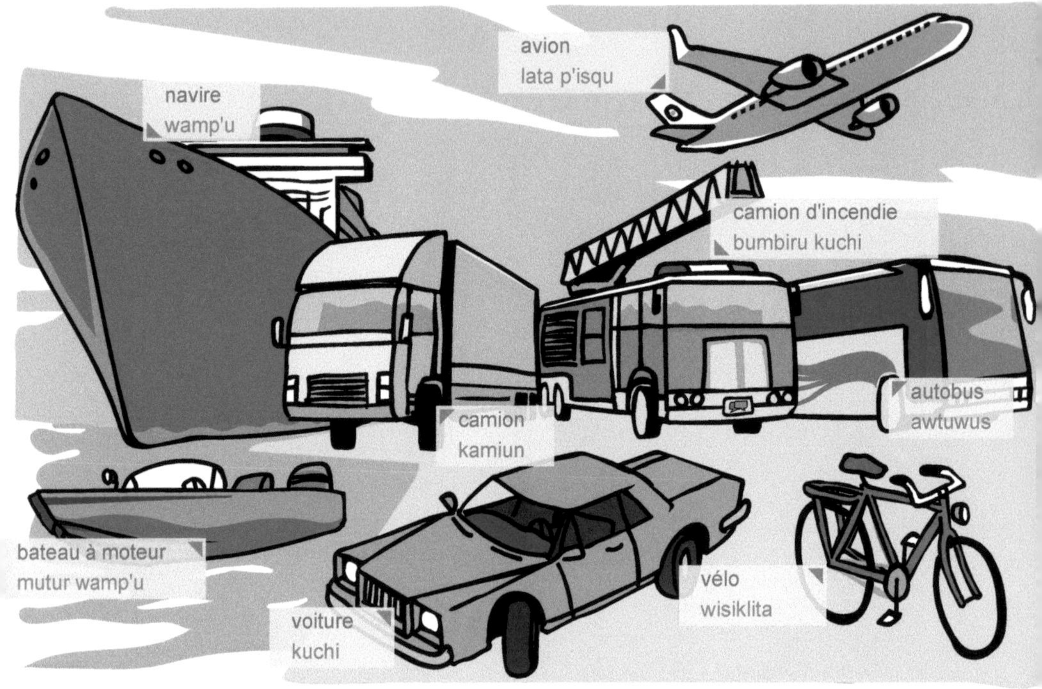
avion
lata p'isqu
navire
wamp'u
camion d'incendie
bumbiru kuchi
autobus
awtuwus
camion
kamiun
bateau à moteur
mutur wamp'u
vélo
wisiklita
voiture
kuchi

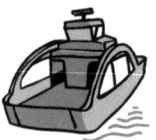

traversier

quchacha

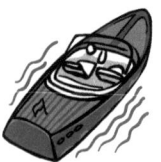

bateau

wamp'u

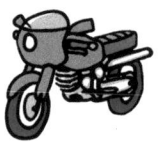

motocyclette

mutu

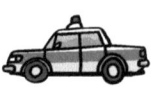

voiture de police

pulisiyap autun

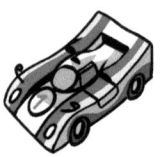

voiture de course

usqay karru

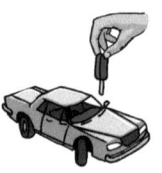

voiture de location

kuchi manukuna

autopartage

kuchi manu

dépanneuse

grua

camion à ordures

q'upa kamiun

moteur

mutur

carburant

gasulina

station-service

gasulinamanta istasiun

panneau de signalisation

chakatana sanampa

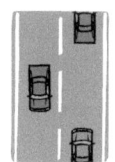

circulation

trajiku

embouteillage

chakatana

parc de stationnement

istasiun

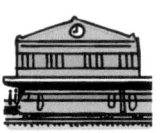

gare

trin estasiun

voies ferrées

ñankuna

train

trin

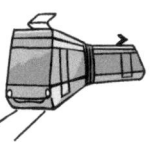

tramway

tranwia

wagon

wagun

hélicoptère

ilikuptiru

aéroport

lata p'isqu kiti

tour

pukara

passager

pasaqlla

conteneur

jatun p'uktaki

boîte en carton

karton p'uktaki

chariot

kapachu

panier

isanka

décoller / atterrir

phaway / uray

ville
llaqta

village

llaqta

centre-ville

chawpi jatun llaqta

maison

wasi

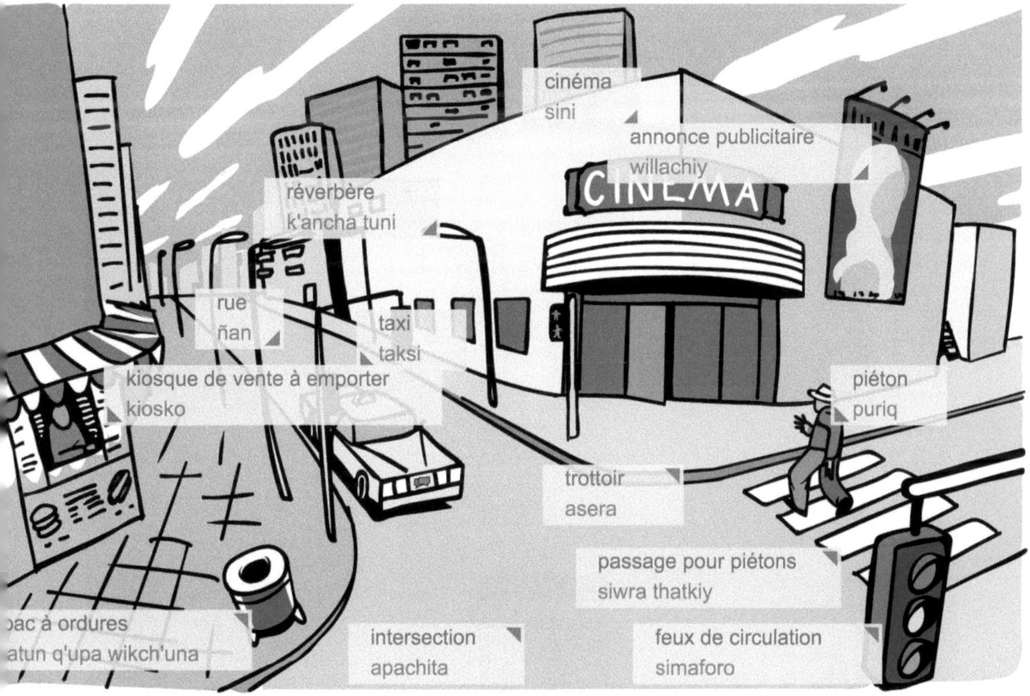

cinéma
sini

annonce publicitaire
willachiy

réverbère
k'ancha tuni

rue
ñan

taxi
taksi

kiosque de vente à emporter
kiosko

piéton
puriq

trottoir
asera

passage pour piétons
siwra thatkiy

bac à ordures
atun q'upa wikch'una

intersection
apachita

feux de circulation
simaforo

cabane

ch'ullka

appartement

apartamento

gare

trin estasiun

hôtel de ville

tantanakuy wasi

musée

rikuchina wasi

école

yachay wasi

université	banque	hôpital
Jatun yachaywasi	qullqi pirwa	Jampina wasi

hôtel	pharmacie	bureau
tampu wasi	jampi ranqhana wasi	ujisina

librairie	magasin	fleuriste
p'anqa pirwa	tienda	t'ika wasi

supermarché	marché	grand magasin
jatun qhatu	qhatu	jatun pirwa

poissonnerie	centre commercial	port
challwa wasi	jatun rantina wasi	wamp'u qhispinan

parc

jark'asqa chiqan

banc

qullqi pirwa

pont

chaka

escaliers

wichana

métro

metro

tunnel

suqhu

arrêt d'autobus

autuwus sayana

bar

bar

restaurant

mikhuna wasi

boîte à lettres

willa qillqa juch'uy wanqara

plaque de rue

t'uqsi tuni

parcomètre

parkimetro

zoo

jatun uywa kancha

bains publics

armakuna

mosquée

meskita

ferme

chakra wasi

pollution

pacha unquchiq

cimetière

Aya pampa

église

iñiy wasi

aire de jeux

pukllana kancha

temple

Qhapana

paysage

wanlla

feuille
raphi

panneau indicateur
sanampa

chemin
ñan

pré
waylla

pierre
rumi

randonneur
puriq runa

arbre
sach'a

rivière
mayu

herbe
sach'a

fleur
t'ika

vallée

qhichwa

colline

muqu

lac

qucha

forêt

Sach'a sach'a

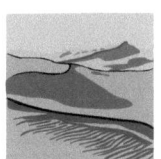

désert

purun

volcan

nina phuqchiq urqu

château

kastilla wasi

arc-en-ciel

k'uychi

champignon

champiñun

palmier

chunta

moustique

ch'uspi

mouche

ch'uspi

fourmi

sik'imira

abeille

wara

araignée

kusi kusi

scarabée

ch'iqi

grenouille

k'ayra

écureuil

artilla

hérisson

askanku

lièvre

liwre

chouette

ch'usiqa

oiseau

p'isqu

cygne

yuku p'isqu

sanglier

sintiru

cerf

sierwu

orignal

alsi

barrage

waykhasqa

éolienne

wayrakallpa

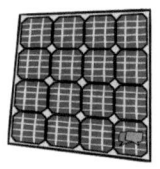

panneau solaire

inti panil

climat

pacha wayra

restaurant
mikhuna wasi

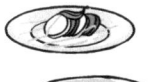

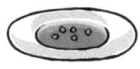

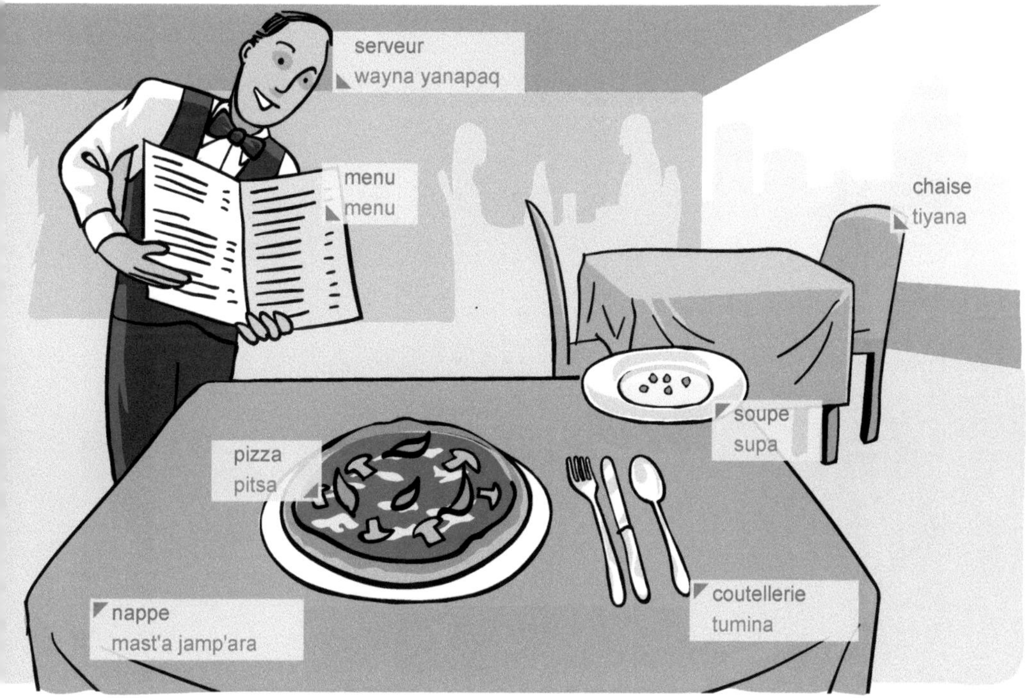

serveur
wayna yanapaq
menu
menu
chaise
tiyana
soupe
supa
pizza
pitsa
coutellerie
tumina
nappe
mast'a jamp'ara

hors-d'œuvre

ñawpaq mikhuna

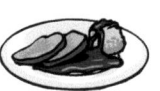

plat principal

yari mikhuna

dessert

mikhuy yapa

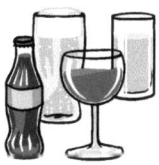

boissons

upyanakuna

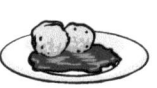

aliments

mikhuna

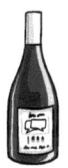

bouteille

wutilla

restauration rapide

saqra ura

cuisine de rue

kalli mikhuna

théière

te churana

sucrier

misk'i churana

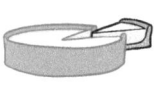

part

chhika

machine à expresso

cajitira iksprisu

chaise haute d'enfant

jatun tiyana

facture

yupay

plateau

bandija

couteau

tumi

fourchette

tinidur

cuillère

wislla uña

cuillère à thé

juch'uy wislla uña

serviette

simi pichana

verre

qhispi akilla

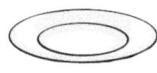

assiette

chuwa

assiette creuse

chuwa

soucoupe

chuwa

sauce

salsa

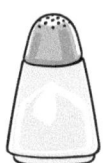

salière

kachi churana

moulin à poivre

pimienta kutana

vinaigre

k'allkucha

huile

llukllu

épices

ch'aki q'mirkuna

ketchup

ketchup

moutarde

mostaza

mayonnaise

mayonisa

supermarché
jatun qhatu

offre spéciale
kusa ranqhanapaq
FOR
client
rantiq
produits laitiers
willalli
fruit
puquy
chariot
rantina karro

BUTCHERS

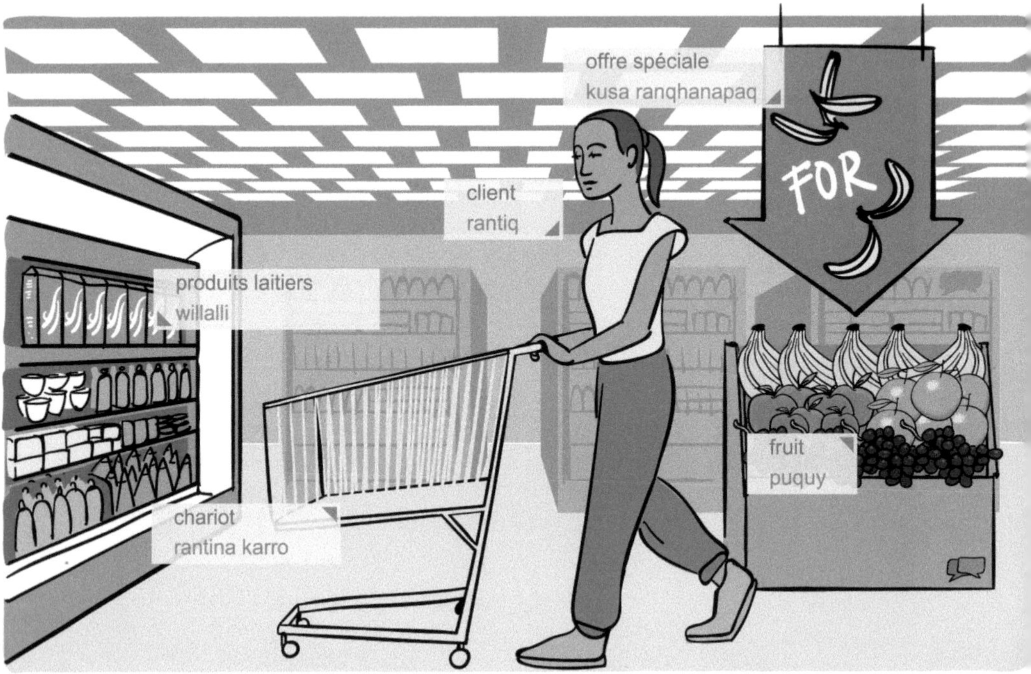

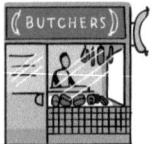

boucherie

aicha wasi

BAKERY

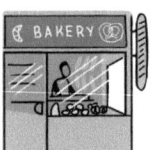

boulangerie

t'anta wasi

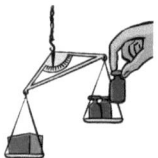

peser

llasay

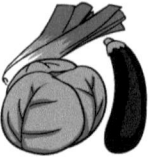

légumes

q'umirkuna

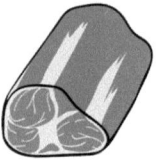

viande

aycha

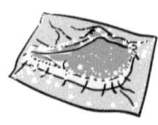

aliments congelés

chhullunka mikhuna

viandes froides

quqawi

conserves

mikhuna unaychasqa

détergent à lessive en poudre

ditirjinti

sucreries

misk'ikuna

produits d'entretien ménager

wasimanta pruduktu

produits d'entretien

maylla produkto

vendeuse

ranqhaq

caisse

kartun p'uktaki

caissier

kajiru

liste de provisions

sinru qillqa rantina

heures d'ouverture

sumaq runa uyarina phani

portefeuille

qullqi wayaqa

carte de crédit

tarjita kriditumanta

sac

plastiko wayaqa

sac plastique

plastiku wayaqa

eau

yaku

jus

jilli

lait

ch'awa

cola

coca cola

vin

vino

bière

sirwisa

alcool

alkula

cacao

kakawu

thé

te

café

caji

expresso

ieksprisu

cappuccino

capuchinu

banane

platanu

pomme

mansana

orange

laranja

melon d'eau

milun

citron

limun

carotte

sanawrya

ail

aju

bambou

wamwu

oignon

siwulla

champignon

champiñun

noix

awillana

nouilles

jirius

spaghettis

ispawiti

riz

arrus

salade

sarsa

frites

papa kanka

pommes de terre sautées

papa kanka

pizza

pitsa

hamburger

amwirkisa

sandwich

sanwich

escalope

jiliti

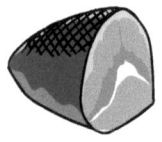

jambon

jamun

salami

salami

saucisse

salchicha

poulet

chichilu

rôti

aycha kanka

poisson

challwa

gruau d'avoine

p'aqa awina

muesli

muesli

flocons de maïs

p'aqa sara

farine

jak'u

croissant

krwasan

petit pain

k'awka

pain

t'anta

rôtie

t'anta jamk'a

biscuits

khamuna

beurre

mantikilla

caillé

ñuqñu

gâteau

pastil

œuf

runtu

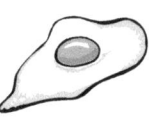

œuf miroir

runtu kanka

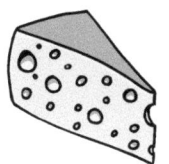

fromage

masara

crème glacée

chullunka misk'i

sucre

misk'i

miel

wayrunq'u misk'i

confiture

mirmilara

crème de nougat

krima turrunmanta

cari

kurri

ferme

chakra wasi

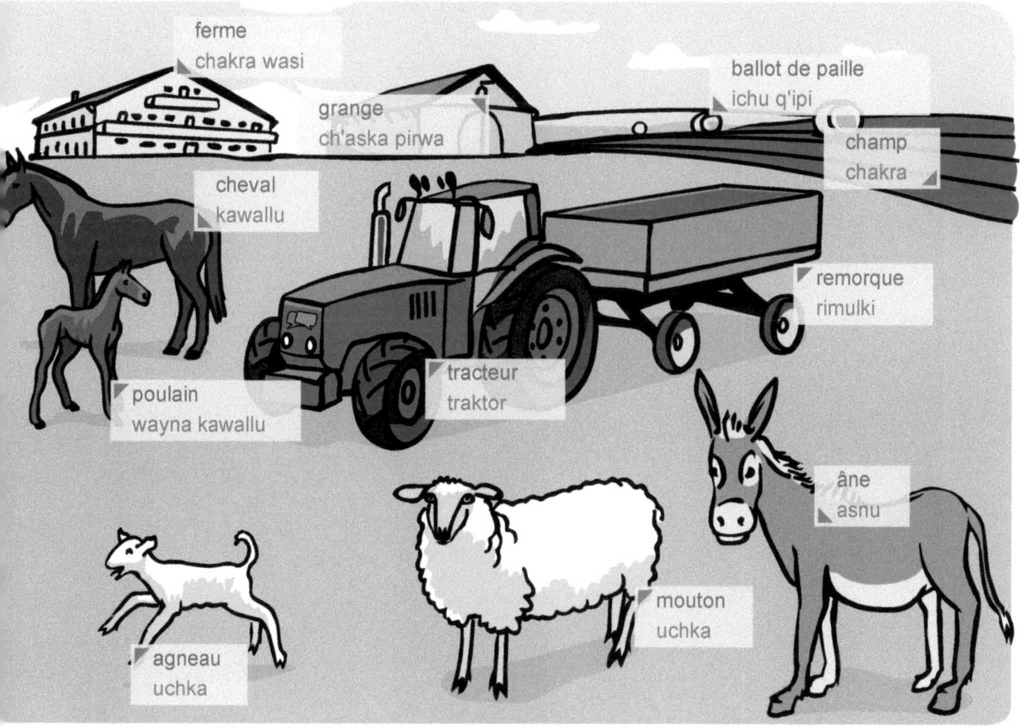
ferme
chakra wasi
ballot de paille
ichu q'ipi
grange
ch'aska pirwa
champ
chakra
cheval
kawallu
remorque
rimulki
tracteur
traktor
poulain
wayna kawallu
âne
asnu
mouton
uchka
agneau
uchka

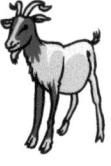

chèvre

karwa

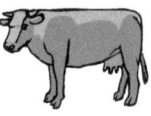

vache

waka

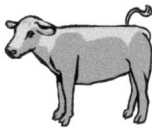

veau

waka uña

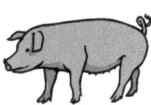

porc

khuchi

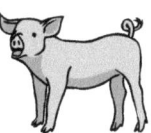

porcelet

khuchi uña

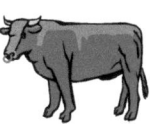

taureau

turu

oie

wallata

canard

pili

poussin

chchilu

poule

wallpa

coq

k'anka

rat

jatun juk'ucha

chat

misi/michi

souris

juk'ucha

bœuf

turu

chien

alqu

niche

alquwasi

tuyau d'arrosage

mankira

arrosoir

qarpana jalp'a

FALSE

rutuna

charrue

taklla

faucille

rutuna

binette

liwk'ana

fourche à foin

sipina

hache

ayri

brouette

kapachu

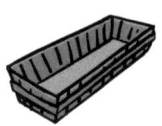

auge

yaku upyana

pot à lait

willalli purunku

grand sac

jatun wayaqa

clôture

jark'aq ch'ipa

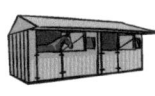

écurie

kancha wasi

serre

inwirnadiru

sol

pampa

graines

muju

engrais

wanu

moissonneuse-battcuse

makina allana

récolter
allay

récolte
allay

igname
ñame

blé
tiriwu

soja
soya

pomme de terre
papa

maïs
sara

graine de colza
kulsa luru

arbre fruitier
wayu sach'a

manioc
mandiuka

grains
ch'aki puquy

maison

wasi

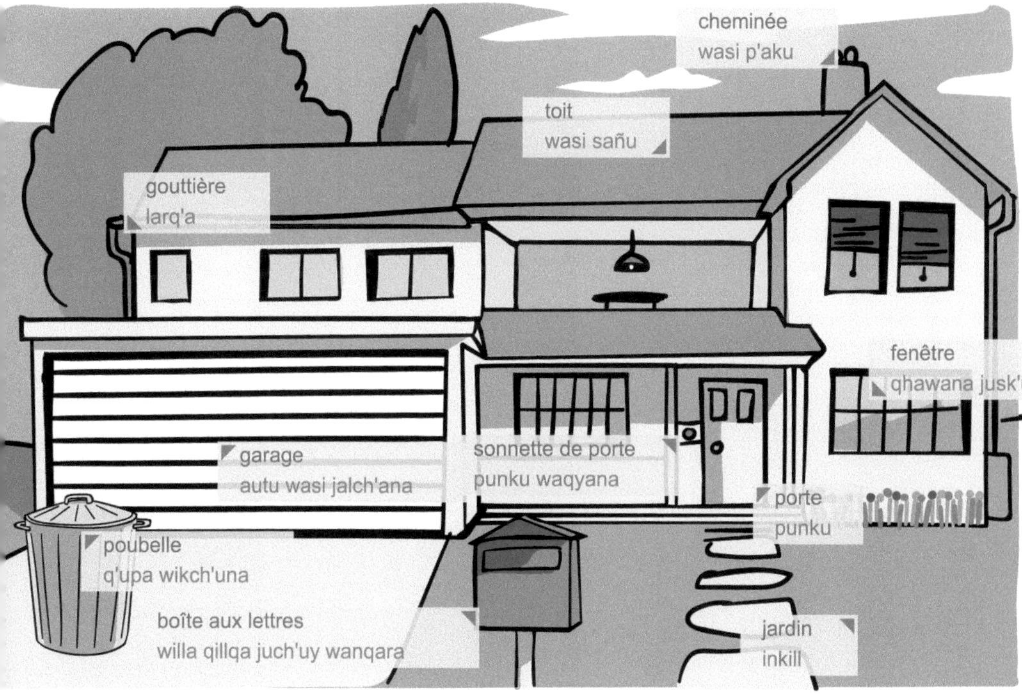
cheminée
wasi p'aku
toit
wasi sañu
gouttière
larq'a
fenêtre
qhawana jusk'u
garage
autu wasi jalch'ana
sonnette de porte
punku waqyana
porte
punku
poubelle
q'upa wikch'una
boîte aux lettres
willa qillqa juch'uy wanqara
jardin
inkill

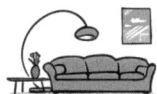

salle de séjour

k'illi wanlla

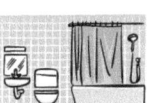

salle de bains

akana wasi

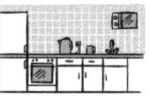

cuisine

wayk'una wasi

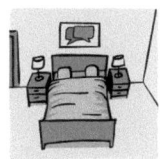

chambre à coucher

puñuna wasi

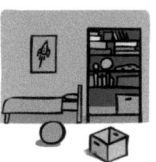

chambre d'enfant

wawa k'uchu

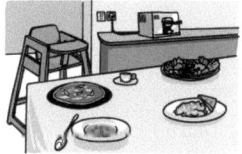

salle à manger

mikhuna k'uchu

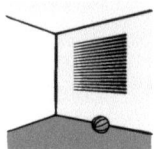

plancher

pampa

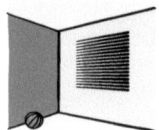

mur

pirqa

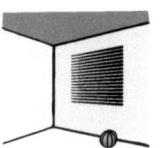

plafond

wasip khatan

cellier

wasi ukhun

sauna

sawna

balcon

walkun

terrasse

pirqa

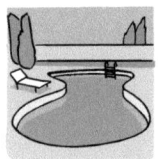

piscine

armakuna

tondeuse à gazon

k'achina

drap

iqana

jeté de lit

khatana

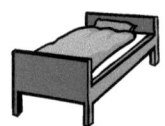

lit

puñuna

balai

pichana

seau

yaku aysana

interrupteur

k'ancha jap'ichiq

salle de séjour
k'illi wanlla

papier peint
raphi llimp'isqa
tableau
lanti
lampe
k'anchana
étagère
p'anqa jallch'ana
armoire
churakuna
télévision
tele
foyer
wasi p'aku
fleur
t'ika
coussin
sawna
sofa
sufa
vase
p'uñu
télécommande
kuntrul remoto

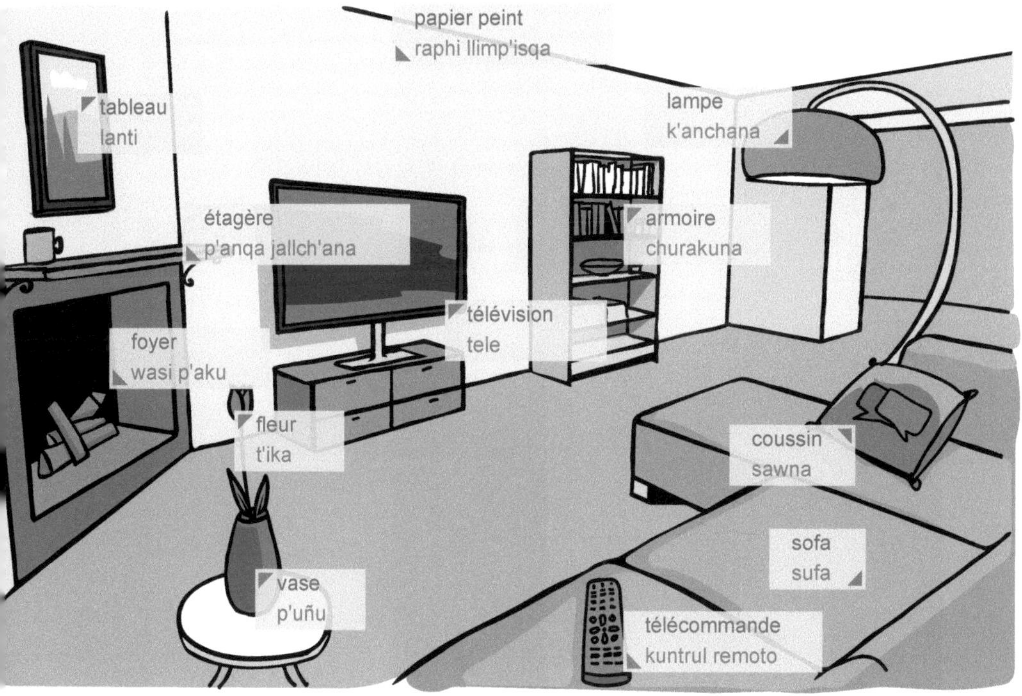

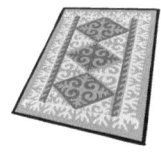

tapis

pampa mast'ana

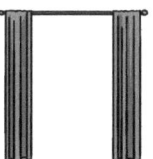

rideau

arapa

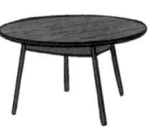

table

jamp'ara

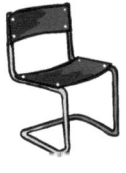

chaise

tiyana

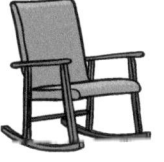

berceuse

chhuku tiyana

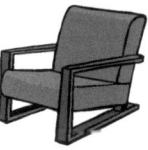

fauteuil

kirana

livre

p'anqa

couverte

mast'a

décoration

t'ikanchay

bois de chauffage

llamt'a

film

pelikula

chaîne hi-fi

takina ekipu

clé

ch'atana

journal

mit'awa

peinture

llimp'i

affiche

poster

radio

wayra simi

bloc-notes

qillqana p'anqa

aspirateur

aspiradora

cactus

pukru

chandelle

ispilma

cuisine
wayk'una wasi

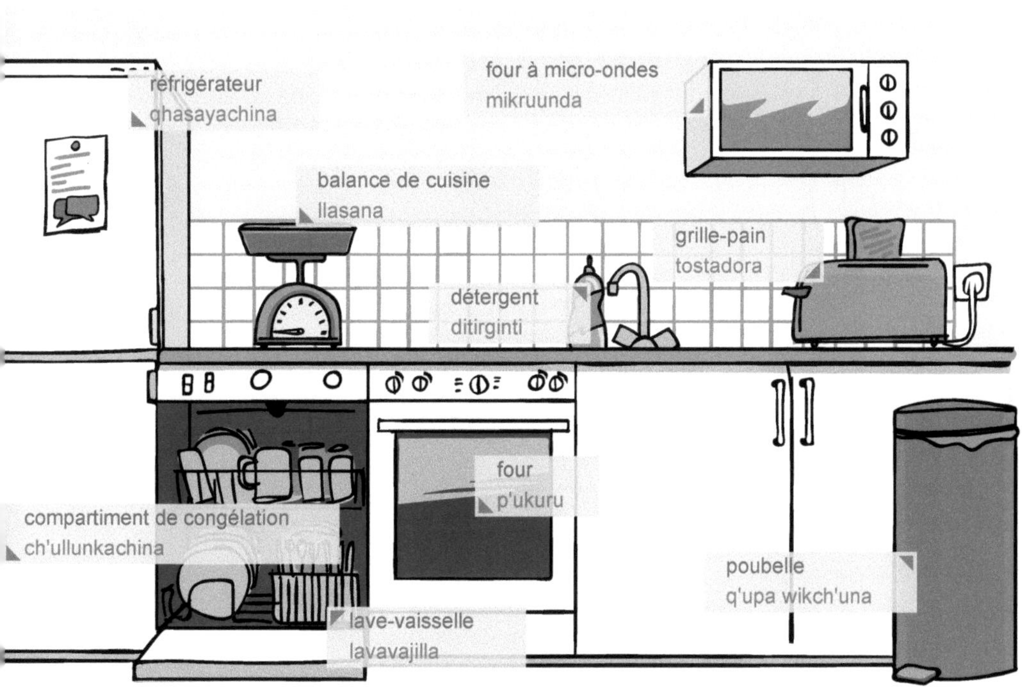

réfrigérateur
qhasayachina
four à micro-ondes
mikruunda
balance de cuisine
llasana
grille-pain
tostadora
détergent
ditirginti
four
p'ukuru
compartiment de congélation
ch'ullunkachina
poubelle
q'upa wikch'una
lave-vaisselle
lavavajilla

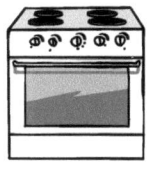

cuisinière

presiun manka

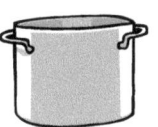

marmite

manka

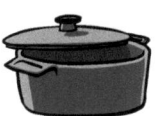

cocotte en fonte

q'illa manka

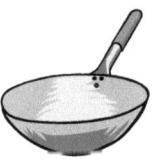

wok / kadai

wok

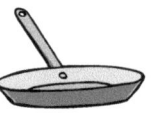

poêle

payla

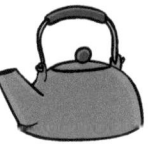

bouilloire

thimpuchina

cuiseur à vapeur

wapsina

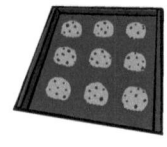

plaque à pâtisserie

p'ukuru punku

vaisselle

vajilla

grande tasse

tasa

bol

tason

baguettes

palillo

louche

wislla

spatule

phusuqa urquna

fouet

qaywina

passoire

isanka

tamis

suysuna

râpe

thupana

mortier

kutana

barbecue

kawitu

foyer

nina jap'ichina

planche à découper

k'ullu kuchunapaq

rouleau à pâtisserie

tuquru

tire-bouchon

sacacurchu

boîte à conserves

lata

ouvre-boîte

lata kichana

mitaine de four

jap'ina

évier

chuwa mayllana

brosse

sipillu

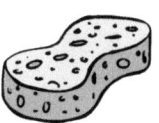

éponge

ispunja

mélangeur

watidora

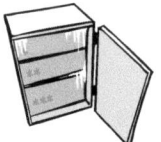

congélateur

ch'ullunkachina

biberon

biberon

robinet

grifo

salle de bains

akana wasi

chauffage
kalefaksiun
douche
armana
serviette
ch'akina
rideau de douche
arapa
bain moussant
phusuqa mayllana
baignoire
bañera
verre
qhispi akilla
machine à laver
makina mayllana
robinet
grifo
carreaux
azulijo
pot
manka jisp'ana
évier
chuwa mayllana

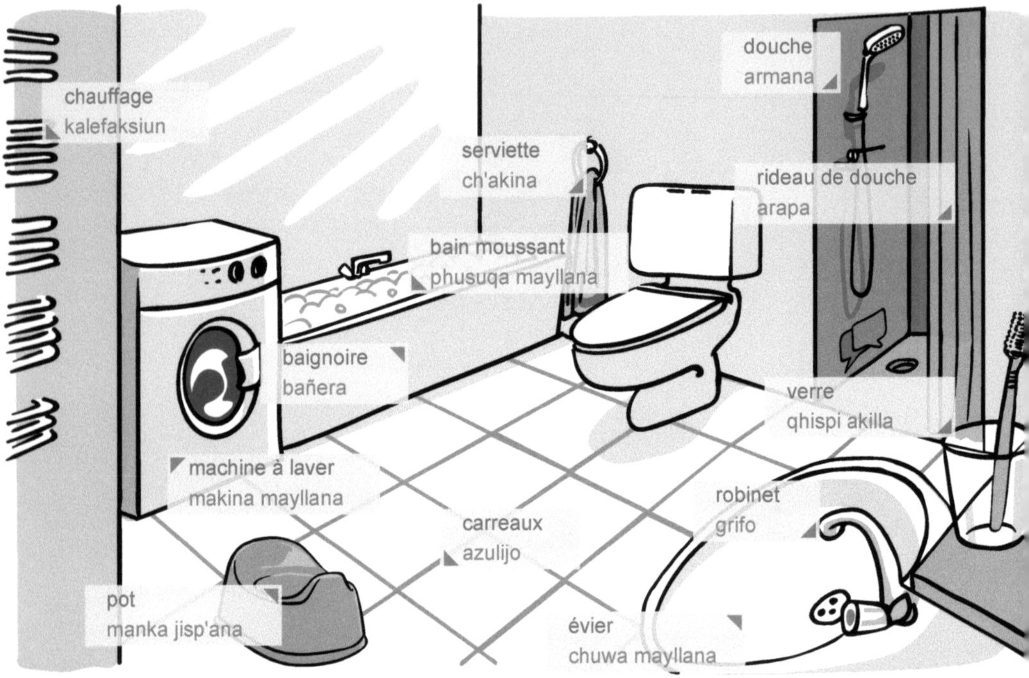

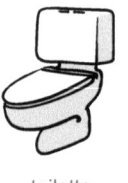

toilette

akana

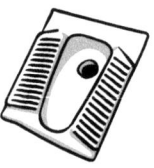

toilette turque

yakupaka

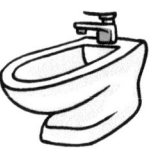

bidet

bidet

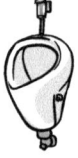

urinoir

jisp'ana

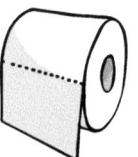

papier hygiénique

papel higieniku

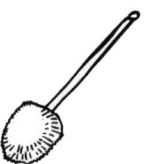

brosse à toilette

water pichana

brosse à dents

kiru khituna

dentifrice

kiru pasta

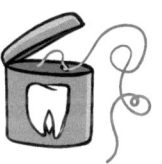

soie dentaire

kiru q'aytu

laver

mayllay

douchette

armana makiwan

douche vaginale

armana

cuvette

pila

brosse pour le dos

wasa cepillo

savon

t'arta

gel douche

llukllu armanapaq

shampoing

champu

débarbouillette

ch'akina

drain

ch'chi yaku wikch'una

crème

krima

déodorant

kuntu wayllak'upaq

miroir

qhispi

miroir à main

qhawakunaqhispi

rasoir

mumikuna

mousse à raser

phusuqu mumikunapaq

après-rasage

lusiun mumikunapaq

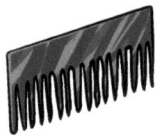

peigne

sikrana

brosse

kuiru khituna

sèche-cheveux

sekadora

laque

ispray

maquillage

makillaji

rouge à lèvres

simi llimp'ina

vernis à ongles

llimp'i sillu

ouate

ampi

ciseaux à ongles

sillu k'utuna

parfum

untu

trousse de toilette

wayaqa ch'usanapaq

tabouret

chukuna

pèse-personne

aysana

peignoir

bata

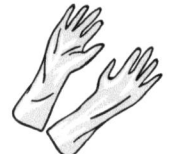

gants de caoutchouc

maki wayaqa gumamanta

tampon

tampon

serviette hygiénique

raphi ch'akina

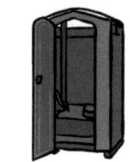

toilette chimique

akanapaq tiyana kimiku

chambre d'enfant

wawa k'uchu

réveil
riqch'achina
doudou
piluchi
petite voiture
kochi pukllana
crécelle
chanrara
maison de poupée
urpu wasi
cadeau
qurina

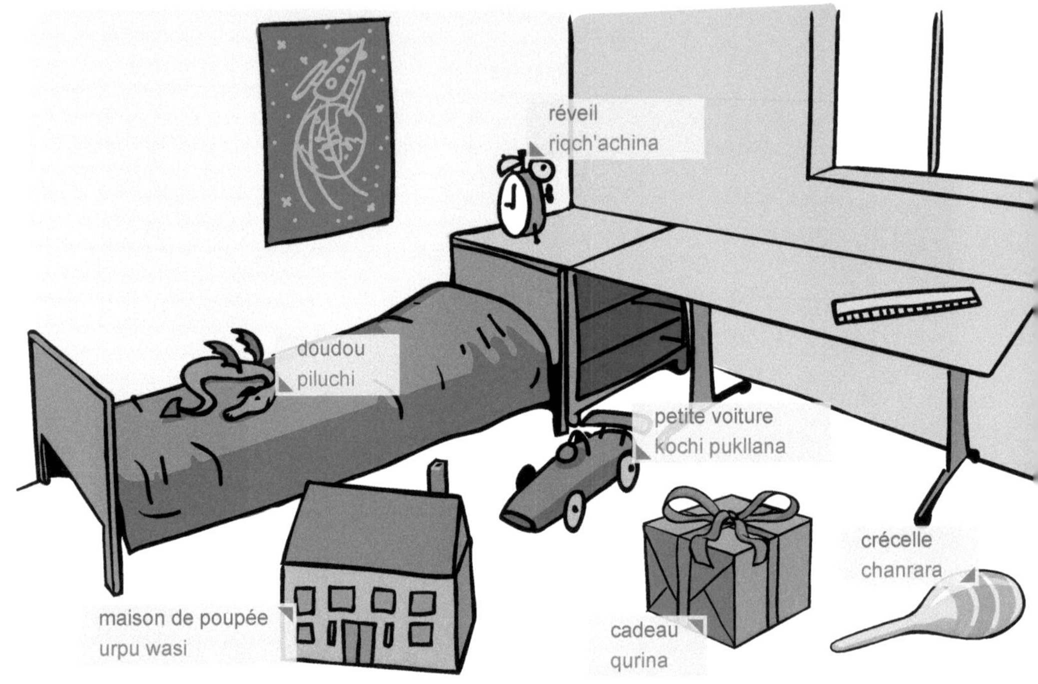

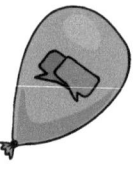

ballon

phuyu phuku

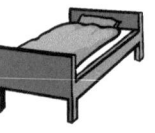

lit

puñuna

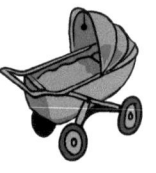

landau

wawa kochi

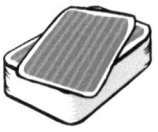

jeu de cartes

naypi

casse-tête

pusli

SUPER
MEGA

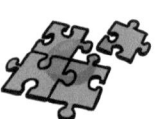

bande dessinée

riwista

blocs LEGO

legukuna

jeu de briques

wluki pukllana

figurine articulée

figura aksionmanta

dormeuse

wuri wawapaq

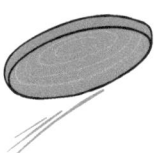

disque volant

friswi

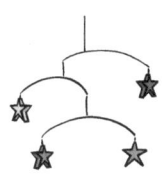

mobile

wawa marq'a

jeu de société

jamp'ara pukllana

dé

dado

ensemble de modèles de train

trin iliktriko purina

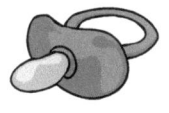

mannequin

maniki

fête

raymi

livre d'images

futu p'anqa

balle

p'ulu

poupée

urpu

jouer

pukllay

bac à sable

t'iyu p'utaki

balançoire

wallunk'a

jouets

pukllana

console de jeu vidéo

wiriukunsula

tricycle

trisiklu

ours en peluche

jukumari pukllana

garde-robe

p'acha jallch'ana

vêtements
p'acha

chaussettes

chakiwayaqa

bas

chakiwayaqa qharipaq

collant

chakiwayaqa

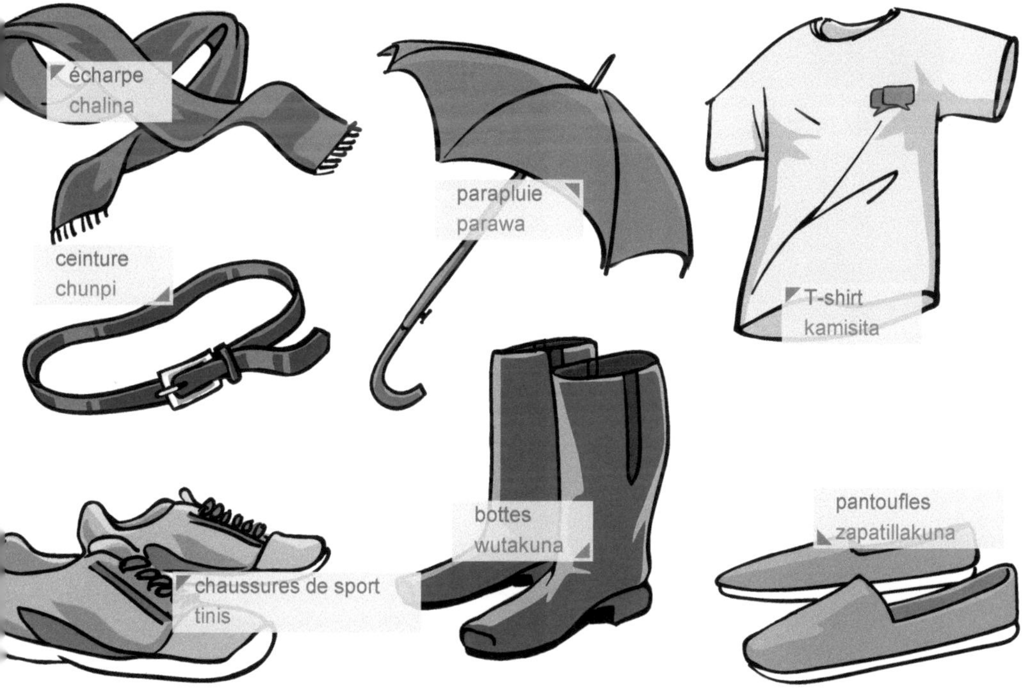

écharpe
chalina

parapluie
parawa

T-shirt
kamisita

ceinture
chunpi

bottes
wutakuna

pantoufles
zapatillakuna

chaussures de sport
tinis

sandales

llanq'i

souliers

phapatukuna

bottes de caoutchouc

wutakuna parapaq

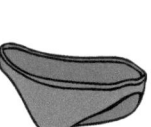

sous-vêtements

ukhu p'acha

soutien-gorge

sustin

gilet

chaliku

body

wuri

pantalon

pantalu kurtu

jean

wakiru

jupe

arphi

chemisier

wulusa

chemise

kamisa

chandail

chumpa

chandail à capuche

chumpa

blazer

blazer

veste

chakita

manteau

qhata

manteau de pluie

yawardina

complet

traji

robe

wistiru

robe de mariée

wistiru nowiamanta

tailleur

traji

chemise de nuit

kamisun

pyjama

piyama

sari

sari

foulard

wandana

turban

turbante

burqa

burka

cafetan

kaftan

abaya

abaya

maillot de bain

traje mayllakunapaq

maillot short

p'acha mayllakunpaq

culotte courte

kurtu

survêtement

'acha tukuy p'unchawpaq

tablier

dilantal

mitaines

makiwayaqa

bouton

ch'itana

lunettes

gafakuna

bracelet

maki watana

collier

wallqa

bague

siwi

boucle d'oreille

linri quri

tuque

q'aspa

cintre

p'acha warkhuna

chapeau

chharara

cravate

kurbata

fermeture à glissière

pantalu wisk'ana

casque

kasku

bretelles

tirantikuna

uniforme scolaire

uniforme

uniforme

uniformi

bavoir
llawsanapaq

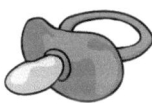

mannequin
maniki

couche
jananta

bureau
ujisina

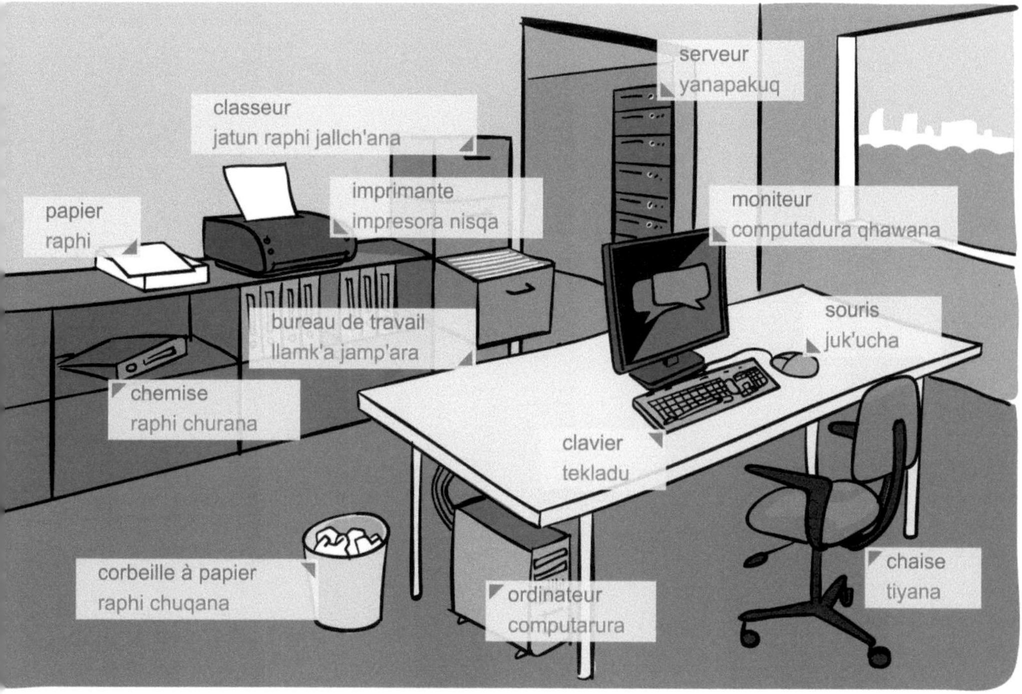

serveur
yanapakuq

classeur
jatun raphi jallch'ana

imprimante
impresora nisqa

papier
raphi

moniteur
computadura qhawana

bureau de travail
llamk'a jamp'ara

souris
juk'ucha

chemise
raphi churana

clavier
tekladu

corbeille à papier
raphi chuqana

ordinateur
computarura

chaise
tiyana

grande tasse à café
tasa cajimanta

calculatrice
calcularura

Internet
intirnit

ordinateur portable

laptop

lettre

chaki qillqa

message

willachiy

téléphone cellulaire

silular

réseau

red

photocopieur

futukopia

logiciel

software

téléphone

tilijunu

prise de courant

toma corriente

télécopieur

faks

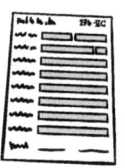

formulaire

jurmulario

document

asuy qillqa

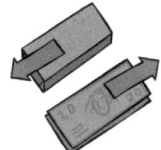

acheter

ranqhay

payer

qupuy

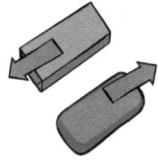

commercer

ranqhay

argent

qullqi

dollar

dólar qullqi

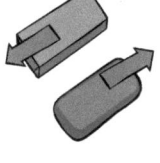

euro

iwro qullqi

yen

yen qullqi

rouble

ruwlu qullqi

franc suisse

juranku swisu qullqi

renminbi yuan

rinminwi qullqi

roupie

rupia qullqi

distributeur de billets

kajiru awtumatiku

bureau de change

qullqi rantina wasi

or

quri

argent

qullqi

pétrole

pitruliu

énergie

kallpa

prix

yupa

contrat

mink'ay

taxe

impuistu

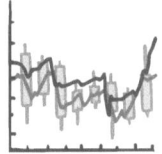

actions

aksiun

travailler

llamk'ay

employé

llamk'achiq

employeur

llamk'achiq

usine

puquchiy kiti

magasin

tienda

professions
llamk'aykuna

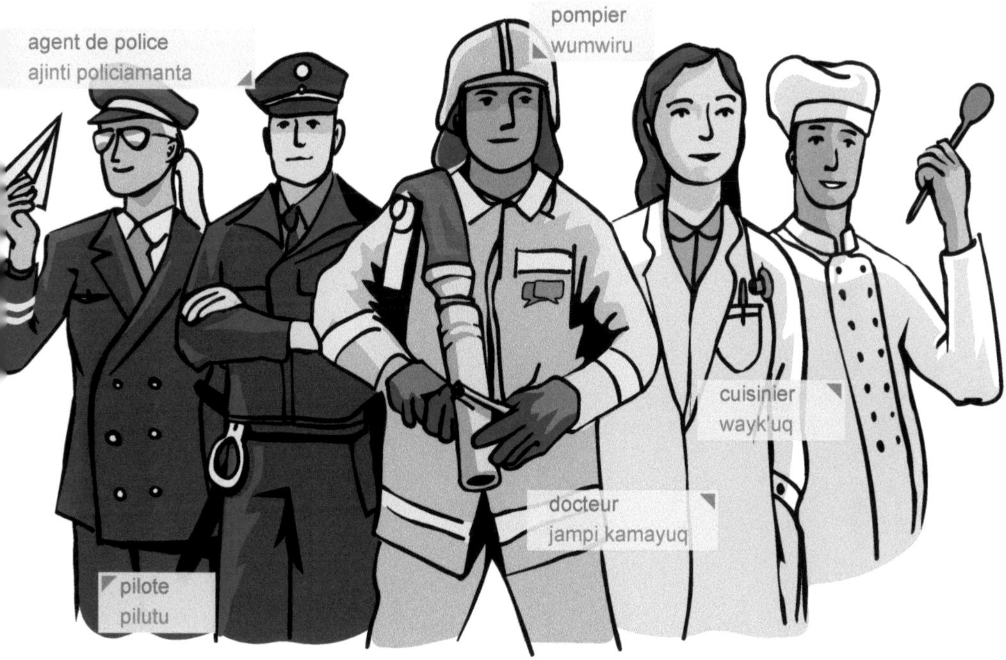
agent de police
ajinti policiamanta
pompier
wumwiru
cuisinier
wayk'uq
docteur
jampi kamayuq
pilote
pilutu

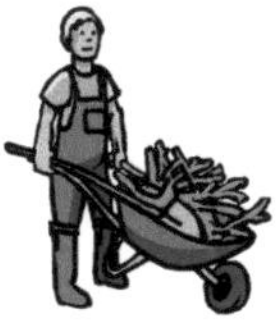

jardinier

inkill kamayuq

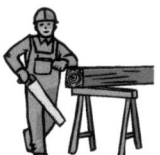

charpentier

llaqllaykamayuq

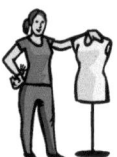

couturier

siraykamayuq

juge

khuskachaq

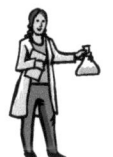

pharmacien

jampi ranqhaq

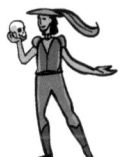

acteur

aranwaq

chauffeur d'autobus

awtuwus q'iwiq

chauffeur de taxi

taksi q'iwiq

pêcheur

challwakamayuq

femme de ménage

pichaq

couvreur

wasip qhatan

serveur

wayna yanapaq

chasseur

chakuykamayuq

peintre

llimp'iq

boulanger

t'antiri

électricien

iliktrisista

constructeur de bâtiments

llam'kaq

ingénieur

k'llikacha

boucher

ñak'aq

plombier

yaku kamayuq

facteur

qillqa apaq

soldat

awqakuq

architecte

wasikamayuq

caissier

kajiru

fleuriste

t'ikachaq

coiffeur

chukcharutuq

chef de train

q'iwichiq

mécanicien

mikaniku

capitaine

wamink'a

dentiste

kirukamayuq

scientifique

jamawt'a

rabbin

rawinu

imam

k'askachimuq

moine

munji

ecclésiastique

tata kura

outils
ruk'awi

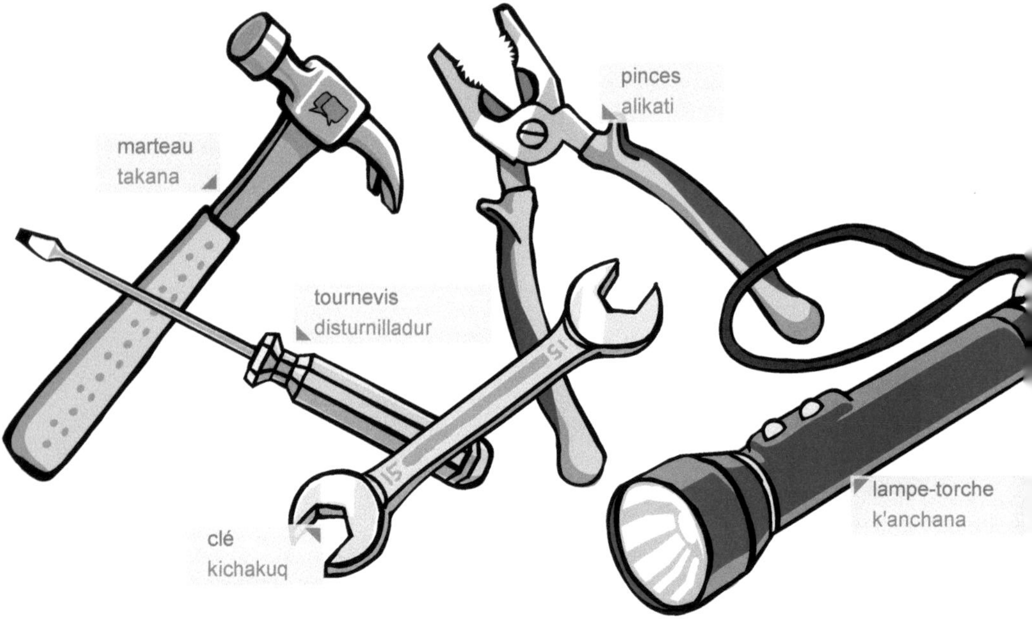
pinces
alikati
marteau
takana
tournevis
disturnilladur
lampe-torche
k'anchana
clé
kichakuq

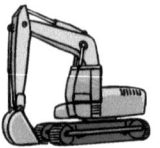

excavatrice

ikskawadura

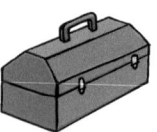

boîte à outils

ruk'awi p'uktaki

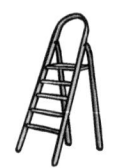

échelle

wichana makiyuq

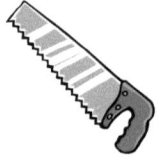

scie

sierra

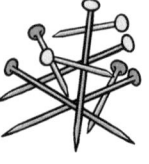

clous

takarpu

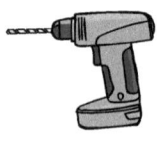

perceuse

talaru

réparer

allinchay

pelle

lampa

tabarnouche

¡Supay apachun!

pelle à poussière

q'upa tantana

pot de peinture

llimp'i churana

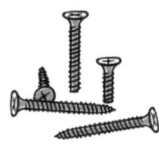

vis

turnillukuna

instruments de musique
takichiy nakuna

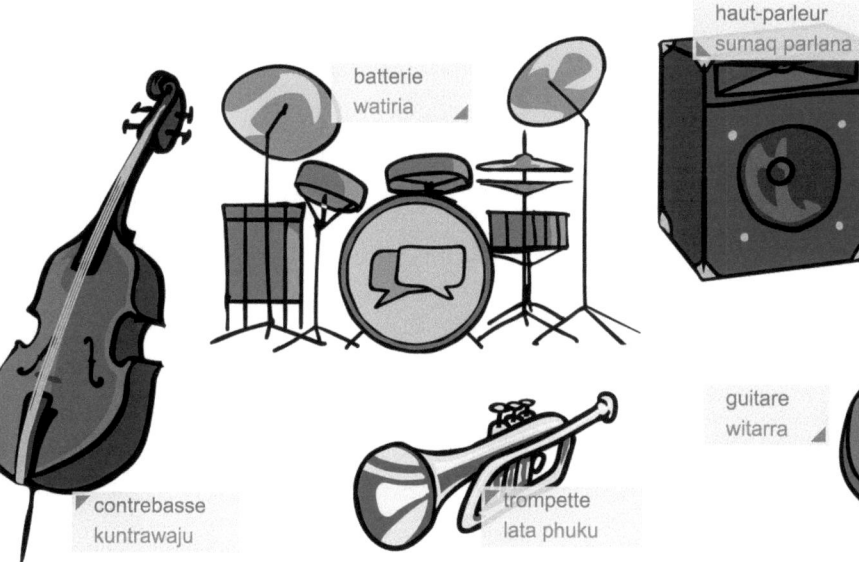

batterie
watiria

haut-parleur
sumaq parlana

guitare
witarra

contrebasse
kuntrawaju

trompette
lata phuku

piano

pianu

violon

wiulin

basse

waju

timbales

tinwalis

tambour

wankar

synthétiseur

tikladu

saxophone

saksu

flûte

phukuna

microphone

mikrufunu

jatun uywa kancha

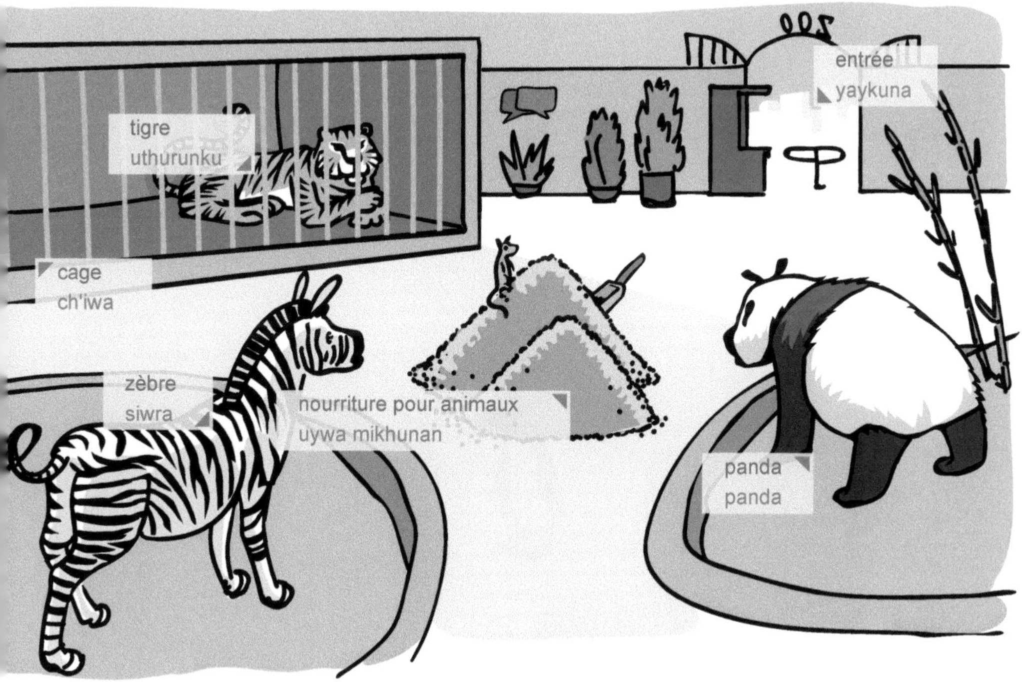

tigre
uthurunku

entrée
yaykuna

cage
ch'iwa

zèbre
siwra

nourriture pour animaux
uywa mikhunan

panda
panda

animaux

uywa

éléphant

ilijanti

kangourou

kanguru

rhinocéros

rinusirunti

gorille

gurila

ours

jukumari

chameau

kamillu

autruche

suri

lion

puma

singe

k'usillu

flamand rose

pariwana

perroquet

q'ichichi

ours polaire

pular jukumari

pingouin

pinwinu

requin

tiwurun

paon

pawu

serpent

katari

crocodile

kukuwurilu

gardien de zoo

jatun uywa kancha arariwa

phoque

fuka

jaguar

uthurunku

zoo - jatun uywa kancha

poney

puni

léopard

lliwpardu

hippopotame

hipuputamu

girafe

jirafa

aigle

anka

sanglier

sintiru

poisson

challwa

tortue

turtuga

morse

mursa

renard

atuq

gazelle

gacila

football américain
amerikanu papawki pukllay

cyclisme
siklu rumpiy

tennis
tenis

basketball
isanka papawki

natation
wat'aku

boxe
ñuk'anaku

hockey sur glace
joki

soccer
papawki pukllay

badminton
watmintun

athlétisme
lanlak

handball
kakcha

ski
iski

polo
pulu

rire
asiy

sauter
phinkiy

serrer dans les bras
mak'alliy

marcher
puriy

chanter
takiy

rêver
musquy

prier
mañakuy

embrasser
much'ay

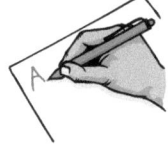

écrire

qillqay

dessiner

t'iktuy

montrer

qhawachiy

pousser

tanqay

donner

quy

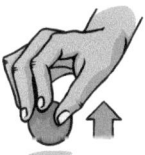

prendre

uqhariy

avoir

yuq

faire

ruway

être

kay

être debout

sayay

courir

t'ijuy

tirer

chuqay

jeter

chuqay

tomber

urmay

s'allonger

siriy

attendre

suyay

porter

apay

s'asseoir

chukuchiy

s'habiller

p'achachakuy

dormir

puñuy

se réveiller

rikch'ay

regarder

qhaway

pleurer

waqay

caresser

waylluy

peigner

sikray

parler

rimay

comprendre

unanchay

demander

tapuy

écouter

uyariy

boire

upyay

manger

mikhuy

ranger

kamachiy

aimer

khuyay

cuisiner

wayk'uy

conduire

q'iwiy

voler

phaway

faire de la voile

wamp'uy

calculer

yupanchay

lire

ñawiriy

apprendre

yachay

travailler

llamk'ay

se marier

sawaray

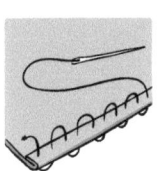

coudre

siray

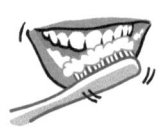

brosser les dents

kiru khitukuy

tuer

wanchiy

fumer

pitay

envoyer

kachay

famille

yawar masikuna

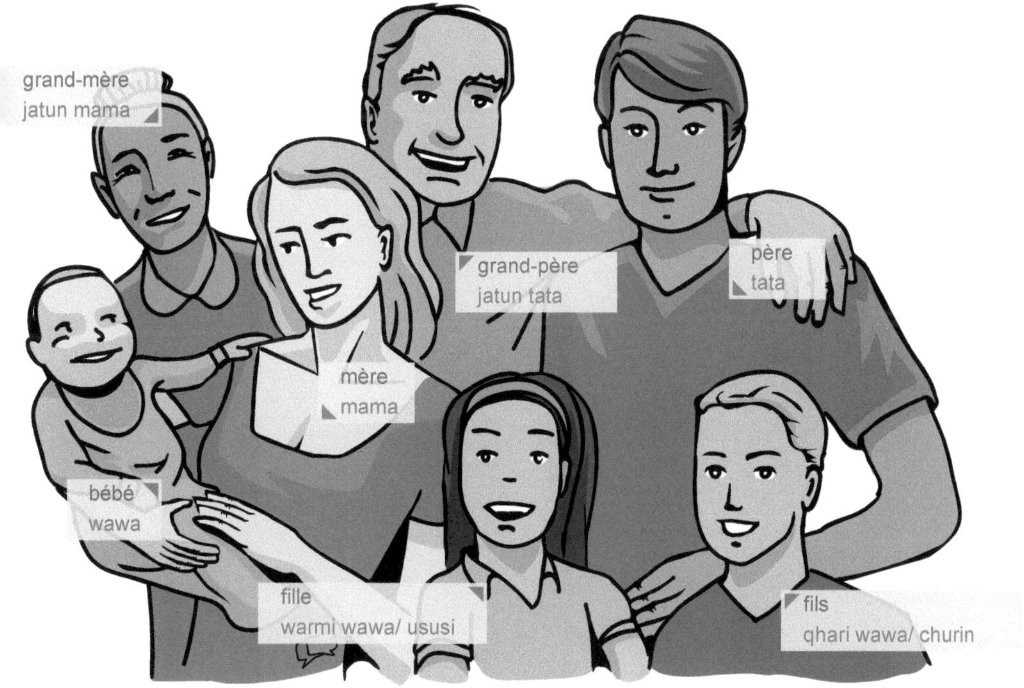

grand-mère
jatun mama
grand-père
jatun tata
père
tata
mère
mama
bébé
wawa
fille
warmi wawa/ ususi
fils
qhari wawa/ churin

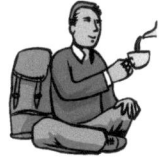

invité

jamuynisqa

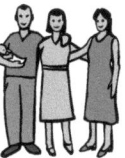

tante

ipa

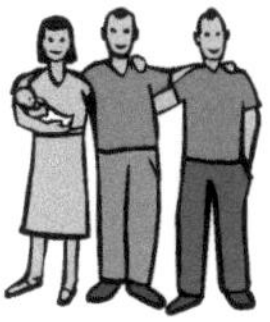

oncle

kaki

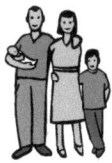

frère

tura/wawqi

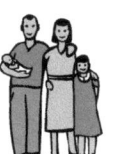

sœur

ñaña/pana

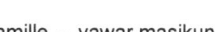

corps

uqhu

front
mat'i
œil
ñawi
épaule
likra
doigt
ruk'ana
visage
uya
menton
sunkha
main
maki
jambe
t'usu
poitrine
qhasqu
bras
likra

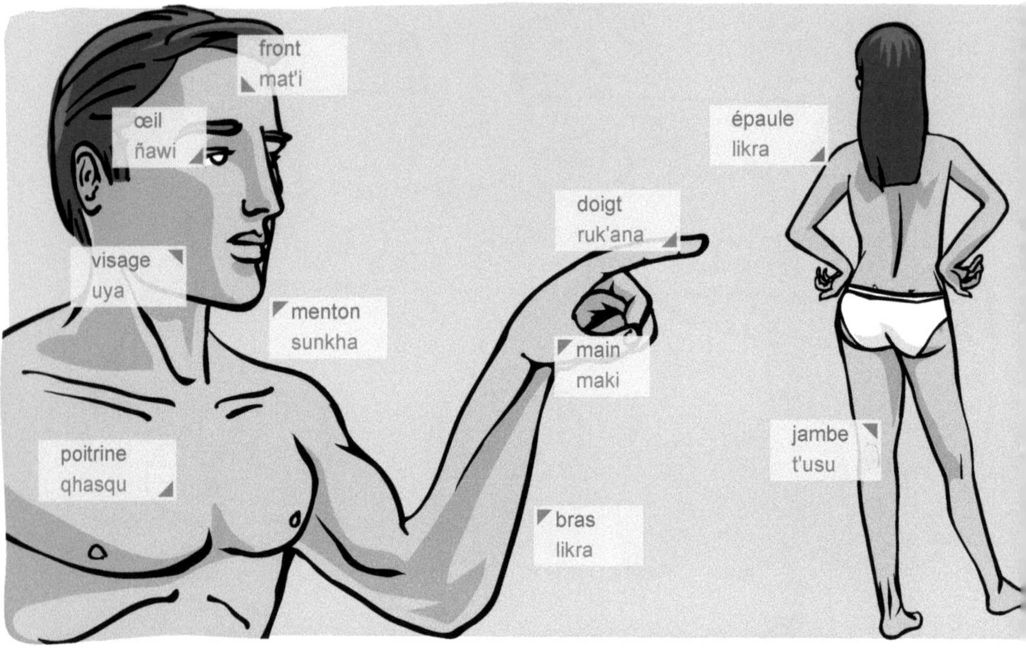

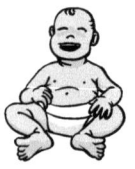

bébé
wawa

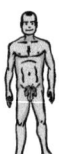

homme
qhari

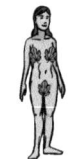

femme
warmi

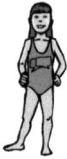

fille
sipas

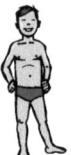

garçon
yuqalla

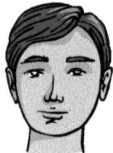

tête
uma

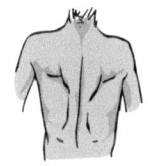

dos

wasa

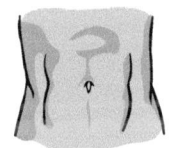

ventre

wisa ukhu

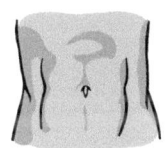

nombril

pupu

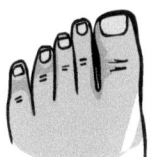

orteil

ruk'ana

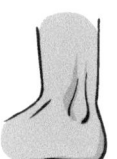

talon

takillpa

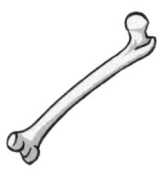

os

tullu

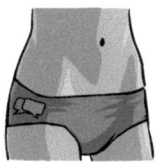

hanche

chaka

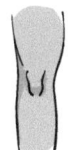

genou

muqu

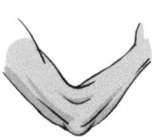

coude

maki muqu

nez

sinqa

derrière

siki

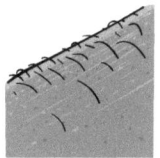

peau

qara

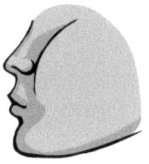

joue

k'aqlla

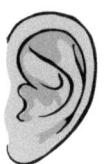

oreille

linri

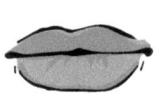

lèvre

sipri

bouche

simi

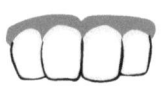

dent

kiru

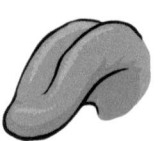

langue

qallu

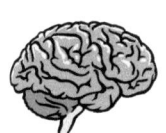

cerveau

ñuqtu

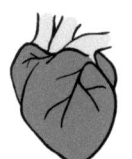

cœur

sunqu

muscle

mach'i

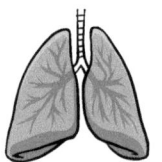

poumon

surq'an

foie

k'iwicha

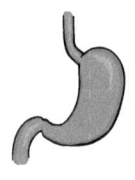

estomac

wisa

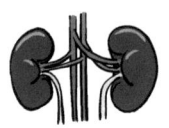

reins

wasa ruru

rapport sexuel

lluq'anaku

condom

condon

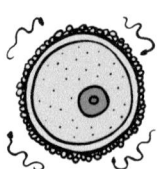

ovule

ch'uytu

sperme

yuma

grossesse

wiksayuq kay

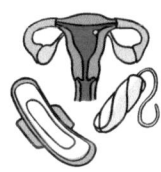

menstruation
....
k'ikuy

vagin
....
rakha

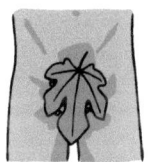

pénis
....
ullu

sourcil
....
qhichira

cheveux
....
chukcha

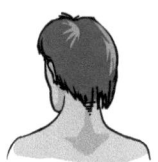

cou
....
kunka

corps - uqhu

71

hôpital
Jampina wasi

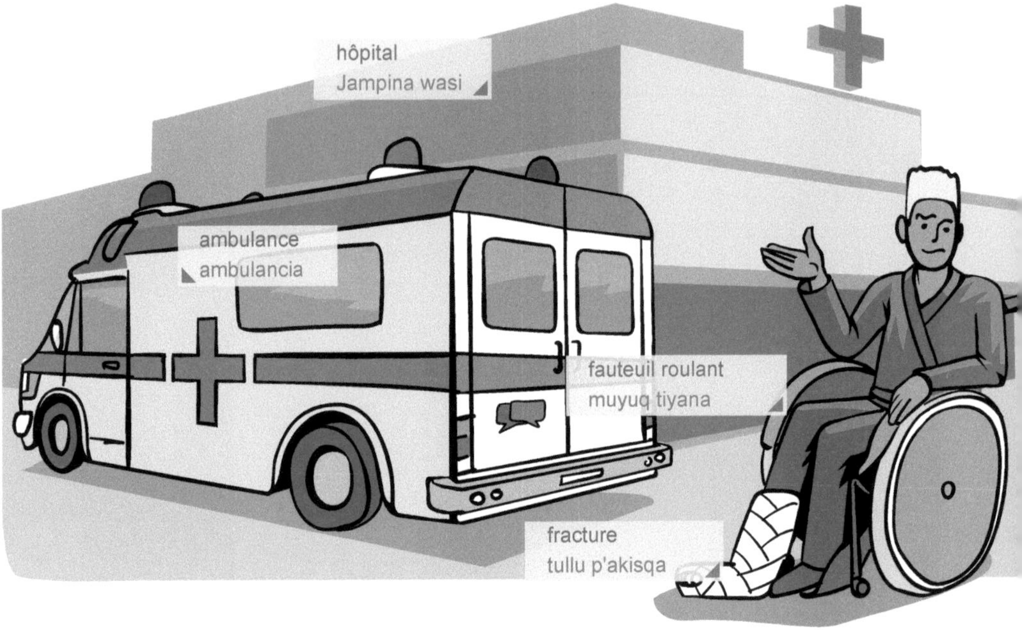

hôpital
Jampina wasi
ambulance
ambulancia
fauteuil roulant
muyuq tiyana
fracture
tullu p'akisqa

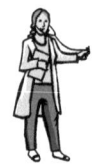

docteur

jampi kamayuq

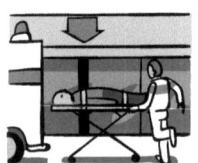

salle des urgences

urgencia wasi

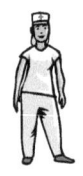

infirmier

jampi yanapaq

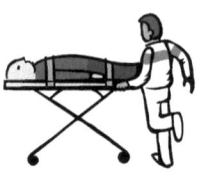

urgence

urjinsia

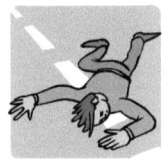

inconscient

mana yuyayniyuqchu

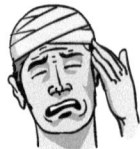

douleur

nanay

blessure

ñuti

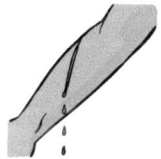

saignement

sirk'ay

crise cardiaque

infarto

AVC

wayra

allergie

millachikuq

toux

ch'uju

fièvre

k'aja unquy

grippe

p'urqi

diarrhée

q'icha

mal de tête

uma nanay

cancer

isqu unquy

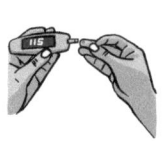

diabète

diyawitis

chirurgien

jampi kamayuq

scalpel

bisturi

opération

upirasiun

tomodensitométrie

TAC

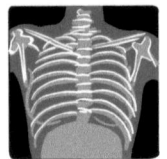

radiographie

tullurikuchi

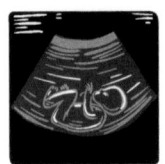

ultrason

ultrasunidu

masque

jark'ana

maladie

unquy

salle d'attente

suyanapaq k'illi wanlla

béquille

tawna

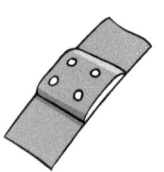

sparadrap

tinta

bandage

manku

injection

inyiksiun

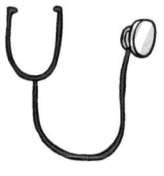

stéthoscope

istituskupiu

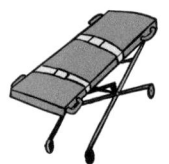

brancard

kallapu

thermomètre médical

llaphi tupuna tupu

accouchement

paqarisqa

excès de poids

wirachasqa

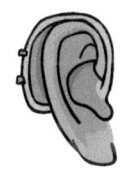

appareil auditif

audifono

désinfectant

disinjiktanti

infection

q'iyacha

virus

miyu

VIH / Sida

VIH / SIDA

médicament

jampi

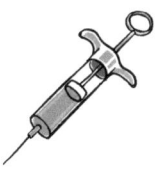

vaccination

wakuna

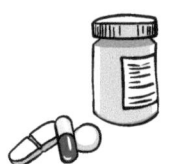

comprimés

tawlitakuna

pilule

pastilla

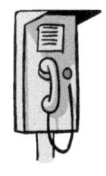

appel d'urgence

usqay waqyana

tensiomètre

tinsiumitru

malade / en bonne santé

unqusqa / qhali

Au secours !
¡Yaw!

alarme
alarma

assaut
manchay

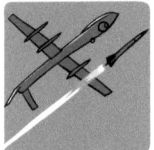

attaque
waykha

danger
chhiki

sortie de secours
punku utqay lluqsinapaq

Au feu !
¡Nina!

extincteur
nina wañichiq

accident
ñak'ariy

trousse de premiers soins
botiquin de primeros
auxilios

SOS
SOS

police
pulisiya

Europe

Iwrupa

Amérique du Nord

Chincha Amerika

Amérique du Sud

Qulla Amerika

Afrique

Ajurika

Asie

Asia

Australie

Awstralia

océan Atlantique

Atlantiku

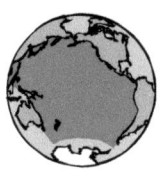

océan Pacifique

Pasijiku

océan Indien

Indiku mama qucha pacha

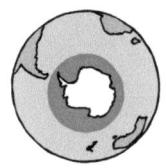

océan Antarctique

Antartiku mama qucha pacha

océan Arctique

Artiku mama qucha pacha

Pôle Nord

chincha pulu

Pôle Sud
qulla pulu

Antarctique
Antartida

Terre
Pacha

terre
jallp'a

mer
mama qucha

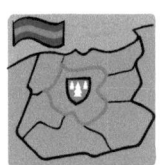

île
tara

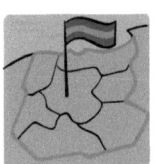

nation
llaqta

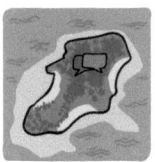

État
Suyu

cadran

muruq'u

aiguille des heures

phani tuqsiq

aiguille des minutes

chininiq

aiguille des secondes

ch'ipu yupaq

Quelle heure est-il ?

¿Ima phanitaq?

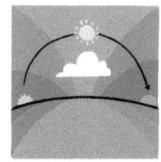

jour

p'unchaw

temps

pacha

maintenant

kunan

montre à affichage numérique

dijital inti watana

minute

chinini

heure

phani

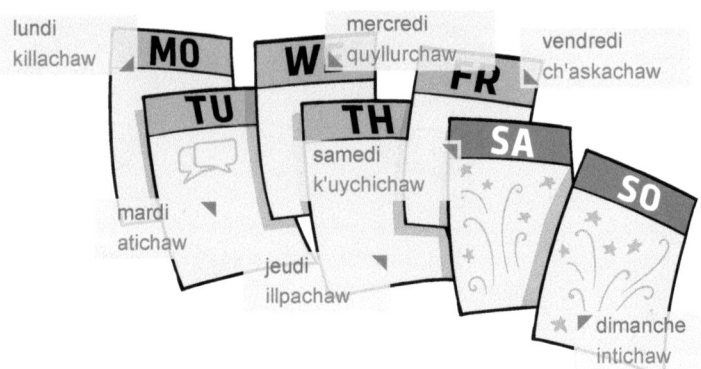

lundi
killachaw

mercredi
quyllurchaw

vendredi
ch'askachaw

mardi
atichaw

samedi
k'uychichaw

jeudi
illpachaw

dimanche
intichaw

hier

qayna

aujourd'hui

kunan

demain

p'unchaw

matin

p'unchaw

midi

chawpi p'unchaw

soir

sukha

MO	TU	WE	TH	FR	SA	SU
1	2	3	4	5	6	7
8	9	10	11	12	13	14
15	16	17	18	19	20	21
22	23	24	25	26	27	28
29	30	31	1	2	3	4

jours ouvrables

llamk'ana p'unchawkuna

MO	TU	WE	TH	FR	SA	SU
1	2	3	4	5	6	7
8	9	10	11	12	13	14
15	16	17	18	19	20	21
22	23	24	25	26	27	28
29	30	31	1	2	3	4

fin de semaine

tukuq qanchischawnin

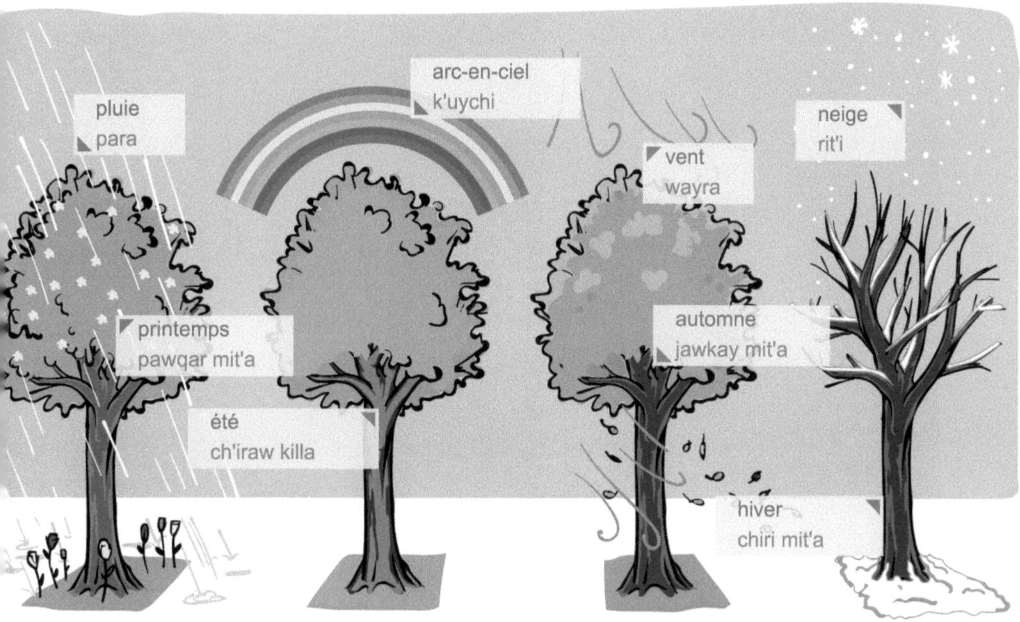

pluie
para
arc-en-ciel
k'uychi
neige
rit'i
vent
wayra
printemps
pawqar mit'a
automne
jawkay mit'a
été
ch'iraw killa
hiver
chiri mit'a

4.APRIL 11°
5.APRIL 4°
6.APRIL 13°
7.APRIL 8°
8.APRIL 10°

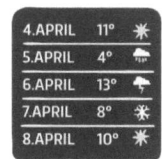

révisions météorologiques

inti raki

F C
120 40
90 30
60 20
30 10
0 0
-30 -10
-20

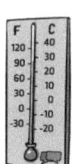

thermomètre

tirmumitru

rayons du soleil

inti

nuage

phuyu

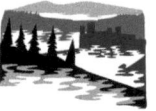

brouillard

phuyu

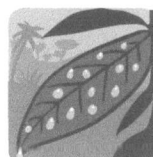

humidité

juq'u

foudre

illapa

tonnerre

illapa

tempête

tamya

grêle

chikchi

mousson

muyuq wayra

inondation

lluqlla

glace

chullunka

janvier

qhaqmiy killa

février

jatunpuquy killa

mars

pachapuquy killa

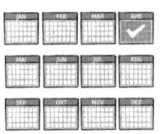

avril

ariwaki killa

mai

aymuray killa

juin

jawkaykuskuy killa

juillet

chakrakunakuy killa

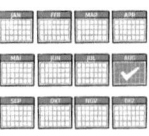

août

chakraypuy killa

année - wata

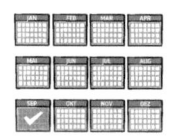

septembre
....
tarpuy killa

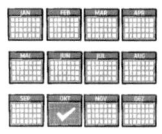

octobre
....
pawqarwara killa

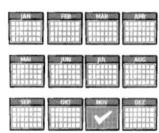

novembre
....
ayamarq'ay killa

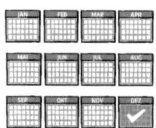

décembre
....
qhapaq inti raymi killa

formes
pacha tupusqa rikch'ay

cercle
....
muyu yupa

carré
....
tawak'uchu yupa

rectangle
....
sayt'u yupa

triangle
....
kimsa k'uchu yupa

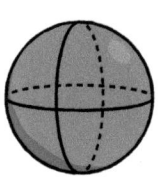

sphère
....
muruq'u

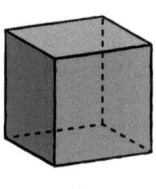

cube
....
yupa wayru

blanc

yurak

jaune

q'illu

orange

willapi

rose

panti

rouge

puka

violet

kulli

bleu

anqas

vert

q'umir

marron

ch'umpi

gris

uqi

noir

yana

beaucoup / un peu

achkha / pisi

en colère / calme

phiña / qhasi

beau / laid

k'acha / millay

début / fin

qallariy / tukuy

grand / petit

jatun / juch'uy

lumineux / sombre

sut'i / tuta

frère / sœur

wawqi / pana

propre / sale

llimphu / ch'ichi

complet / incomplet

junt'asqa / mana junt'asqa

jour / nuit

p'unchaw / tuta

mort / vivant

wañusqa / kawsaq

large / étroit

chhuqu / k'ichki

comestible / non comestible

mikhunapaq / mana mikhunapaqchu

méchant / gentil

sakra / k'acha

être enthousiaste / s'ennuyer

kusisqa / majisqa

gros / mince

rakhu / tullu

premier / dernier

ñawpaq / qhipa

ami / ennemi

masi / awqa

plein / vide

junt'a / ch'in

dur / mou

k'urki / llamp'u

lourd / léger

llasa / chhalla

faim / soif

yarqhay / ch'akiy

malade / en bonne santé

unqusqa / qhali

illégal / légal

chanin / mana chanin

intelligent / stupide

yuyaysapa / upa

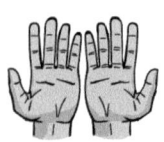

gauche / droite

lluq'i / paña

proche / loin

qaylla / karu

neuf / usagé

musuq / mawk'a

rien / quelque chose

ch'usaq / imapis

vieux / jeune

machu / wayna

marche / arrêt

jap'isqa / wanchisqa

ouvert / fermé

kichasqa / wisq'asqa

calme / bruyant

ch'in / ch'aqwa

riche / pauvre

qhapaq / wakcha

correct / incorrect

chiqan / mana chiqan

rugueux / lisse

qhachqa / llamp'u

triste / heureux

llakisqa / kusi

court / long

k'aka / karu

lent / rapide

jayra / utqay

mouillé / sec

juq'u / ch'aki

chaud / froid

rupha / chiri

guerre / paix

awqay / sunqu tiyakuy

0

zéro

ch'usak

1

un

uk

2

deux

iskay

3

trois

kimsa

4

quatre

tawa

5

cinq

phichqa

6

six

suqta

7

sept

qanchis

8

huit

pusaq

9

neuf

jisq'un

10

dix

chunka

11

onze

chunka ukniyuq

12	**13**	**14**
douze	treize	quatorze
chunka iskayniyuq	chunka kimsayuq	chunka tawayuq

15	**16**	**17**
quinze	seize	dix-sept
chunka phichkayuq	chunka suqtayuq	chunka qanchisniyuq

18	**19**	**20**
dix-huit	dix-neuf	vingt
chunka pusaqniyuq	chunka jsq'unniyuq	iskay chunka

100	**1.000**	**1.000.000**
cent	mille	million
pacha	waranqa	junu

anglais

inklis simi

anglais américain

amerikanu inklis simi

chinois mandarin

mandarin chinu simi

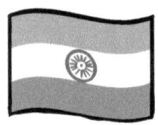

hindi

jindi simi

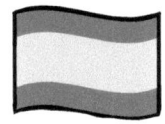

espagnol

castilla simi

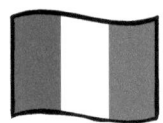

français

fransis simi

arabe

arabia simi

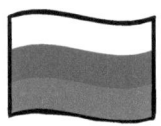

russe

rusia simi

portugais

purtugal simi

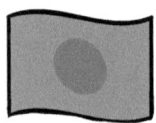

bengali

bingali simi

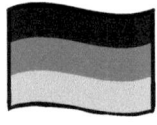

allemand

alimania simi

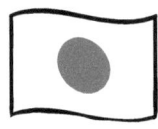

japonais

japun simi

je
....
ñuqa

tu
....
qam

il / elle / ce, c', cela
....
pay / pay / chay

nous
....
ñuqanchik

vous
....
qamkuna

ils / elles
....
paykuna

qui ?
....
¿pitaq?

quoi ?
....
¿imataq?

comment ?
....
¿imaynataq?

où ?
....
¿maypitaq?

quand ?
....
¿mayk'aq?

nom
....
suti

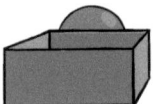

derrière

qhipa

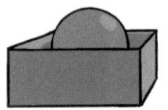

dans

pi

devant

ñawpaq

au-dessus

pantanpi

sur

pata

en dessous

uranpi

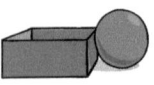

à côté de

kuska

entre

chawpi

endroit

chiqan